GEOGRAPHIC

School Publishing

Contar

Tessa Patel

PICTURE CREDITS

Illustrations by Jeff Lang (4–5, 14–15).

Cover, 1, 7 (below), 8 (below left & below right), 9 (below right), 10 (all), 12 (above left, above right & below left), Photolibrary.com; 2, 6 (right), 8 (background & above right), 9 (background), 11 (all), 12 (below right), APL/Corbis; 6 (above left), Richard Naude/Alamy; 6 (background), 7 (background), Photodisc; 7 (above), Ibis for Kids Australia; 9 (above left), Getty Images; 10 (background), 11 (background), Digital Vision; 12 (background), 13 (background), Image Source.

Produced through the worldwide resources of the National Geographic Society, John M. Fahey, Jr., President and Chief Executive Officer; Gilbert M. Grosvenor, Chairman of the Board.

PREPARED BY NATIONAL GEOGRAPHIC SCHOOL PUBLISHING

Ericka Markman, Senior Vice President and President Children's Books and Education Publishing Group; Steve Mico, Senior Vice President and Publisher; Marianne Hiland, Editorial Director; Lynnette Brent, Executive Editor; Michael Murphy and Barbara Wood, Senior Editors; Bea Jackson, Design Director; David Dumo, Art Director; Margaret Sidlowsky, Illustrations Director; Matt Wascavage, Manager of Publishing Services; Sean Philpotts, Production Manager.

SPANISH LANGUAGE VERSION PREPARED BY
NATIONAL GEOGRAPHIC SCHOOL PUBLISHING GROUP

Sheron Long, CEO; Sam Gesumaria, President; Fran Downey, Vice President and Publisher; Margaret Sidlosky, Director of Design and Illustrations; Paul Osborn, Senior Editor; Sean Philpotts, Project Manager; Lisa Pergolizzi, Production Manager.

MANUFACTURING AND QUALITY MANAGEMENT

Christopher A. Liedel, Chief Financial Officer; George Bounelis, Vice President; Clifton M. Brown III, Director.

BOOK DEVELOPMENT

Ibis for Kids Australia Pty Limited.

SPANISH LANGUAGE TRANSLATION

Tatiana Acosta/Guillermo Gutiérrez

SPANISH LANGUAGE BOOK DEVELOPMENT

Navta Associates, Inc.

Published by the National Geographic Society
Washington, D.C. 20036-4688

ISBN: 978-0-7362-3834-2

Printed in the U.S.A.

19 18 17 16 15 14

10 9 8 7 6 5 4 3

Contenido

ardilla

farola

árbol

pájaro

banco

mesa del parque

flores

cesta de merienda

4

¿Cuántas personas hay en el parque?
¿Qué otras cosas podemos contar?

resbaladilla

hombre

columpio

mujer

perro

piedra

hoja de nenúfar

pez

rana

pato

Contar en una merienda

Podemos contar cosas en una merienda.
Contemos lo que hay en cada fotografía.

mesa

personas

manzanas

sándwiches

cerezas

7

Contar en una charca

Podemos contar cosas en una charca.
Contemos lo que hay en cada fotografía.

flores

peces

ranas

patitos

piedras

9

Contar en un jardín

Podemos contar cosas en un jardín.
Contemos lo que hay en cada fotografía.

pájaros

regaderas

hormigas

flores amarillas

abejas

11

Hacer una gráfica

Para mostrar cuántas cosas contamos, podemos hacer una gráfica.

cuatro patitos

seis peces

diez abejas

cinco pájaros

¿Cuántos hay?

	patitos	pájaros	peces	abejas
10				🐝
9				🐝
8				🐝
7				🐝
6			🐟	🐝
5		🐦	🐟	🐝
4	🦆	🐦	🐟	🐝
3	🦆	🐦	🐟	🐝
2	🦆	🐦	🐟	🐝
1	🦆	🐦	🐟	🐝

árbol

barca de remos

ardilla

barca de motor

caballo

cisne

piedra

cero
uno
dos
tres
cuatro
cinco
seis
siete
ocho
nueve
diez

15

Glosario ilustrado

0 cero	
1 uno	
2 dos	
3 tres	
4 cuatro	
5 cinco	
6 seis	
7 siete	
8 ocho	
9 nueve	
10 diez	